La terra del desiderio

Un capolavoro di Ingmar Bergman

Saggio

Salvatore M. Ruggiero

La terra
del desiderio
(1947)

(Titolo originale:
Skepp till India land

Titolo in inglese:
A ship bound for India)

alle persone che amiamo,
e anche a quelle che non riusciamo ad
amare.

Una frase:

"Dobbiamo avere qualcuno da amare. Se non lo abbiamo è come essere morti.[1]"

---

1   Dalla sceneggiatura originale del film: nella scena del vecchio mulino Sally lo dice a Johannes.

PRESENTAZIONE

Terzo film di Ingmar Bergman. Quarto, secondo alcuni.

Che conteggiano, evidentemente, anche le ultime scene del film, diretto in realtà da Alf Sjoberg, *Spasimo (Hets,* 1944) e girate dall'esordiente Ingmar Bergman in sostituzione dell'indisponibile titolare, per gentile concessione del produttore.

Alf Sjoberg, come Ingmar Bergman, si divide tra teatro e cinema, nel quale esordisce all'epoca del muto.

Dopo una parentesi di 10 anni alla guida del teatro Drammatico di Stoccolma[2], torna al cinema e, con un adattamento della *Signorina Giulia*[3], nel 1951, vince la Palma

---

2 *Dramaten*, come confidenzialmente lo chiamano gli svedesi.
3 Dalla omonima *piece* di August Strindberg.

d'oro al Festival di Cannes.

E' grazie alla fiducia accordatagli ancora una volta dall'amico produttore Lorens Malmstedt[4], che Ingmar Bergman riuscì a realizzare questo film, la cui sceneggiatura fu tratta da una *piece* dello scrittore finlandese Martin Soderhjelm, *Nave per le indie*.
Racconta Ingmar Bergman.
"Lo scrittore aveva consegnato una sceneggiatura cinematografica, ma era inutilizzabile. Lorens propose di andare a Cannes, lui e io. Io avrei dovuto scrivere la sceneggiatura e lui avrebbe giocato alla roulette. Nel frattempo avremmo potuto mangiare e bere bene, incontrando donnine adatte al caso. Fu un bel periodo.

---

4 Il proprietario della casa di produzione cinematografica Terrafilm, amico di Ingmar Bergman.

Abitavo in una piccola camera dell'Hotel Majestic, su in alto, con vista sulla ferrovia e su due muri di protezione, e scrissi come un forsennato. Dopo due sole settimane, la sceneggiatura era pronta. Della piece di Martin Soderhjelm non rimaneva granché.[5]"

Si trattò di un film prodotto con pochi e semplici mezzi, molto lineare, quasi didascalico percorso da una continua morale che il regista fa pronunciare ai personaggi.

Racconta ancora Ingmar Bergman.

"In men che non si dica, iniziò la produzione.[6]"

Johannes nelle scene iniziali del film si rivolge a Sally. *"C'è stata una gran tempesta stanotte: a volte ci*

---

5   Ingmar Bergman, *Immagini.*
6   Ingmar Bergman, *Immagini.*

vuole pulisce l'aria!"

O, ancora, quando Sally si rivolge a Johannes prima che parta per l'india.

"Ho la sensazione che non ci sia niente al mondo che possa veramente durare. So solo che ti amo, tutto il resto non conta."

Sono solo alcune delle frasi tratte dalla sceneggiatura originale del film, che non si scordano molto facilmente e che il Maestro, nei momenti topici del film, fa pronunciare ai suoi protagonisti.

E che tutti vorremmo aver detto una volta nella vita.

Ingmar Bergman, insomma, pur essendo giovane ed inesperto di cinema, dimostra di saper scrivere: e sebbene non sia ancora maturo per il cinema (ma già ben attrezzato per il teatro) ci propone, anche in questo film, la solita sceneggiatura di ferro.

Va detto infatti che Ingmar Bergman

nel 1939 (a ventuno anni) ottiene un contratto come assistente presso il Teatro dell'Opera di Stoccolma.

Nel 1940 (a poco più di vent'anni) inizia la sua attività teatrale come regista, mettendo in allestimento, in pochi mesi col Teatro Studentesco, prima Il Macbeth di Shakespeare poi Il pellicano di Strindberg.

Nel 1942 (a ventiquattro anni) è chiamato da Stina Bergman, allora dirigente dell'istituto, a collaborare come sceneggiatore alla Svensk Filmindustri.

Nel 1945 intensifica la sua collaborazione col Teatro di Helsingborg come Direttore e inizia anche a collaborare col Teatro Municipale di Goteborg.

Carriera teatrale che raggiungerà il suo culmine nel 1963, dopo i due premi Oscar consecutivi vinti nel

1961 con *La fontana della vergine*[7], e nel 1962 con *Come in uno specchio*[8], nel gennaio del 1963, quando è nominato Direttore del Dramaten[9].
Incarico che manterrà per molti anni.

Purtroppo i cronisti italiani, ancora una volta, dovranno registrare l'ennesima storpiatura del titolo originale.
Il titolo del film anche in questo caso verrà tradotto malissimo e in modo assolutamente fuorviante da distributori italiani, ignoranti e senza scrupoli, che strizzano l'occhio al botteghino e vogliono introdurre nel titolo pruriginose sfumature erotiche inesistenti nel film.

---

7   *Iunkfrukallan*, 1959.
8   *Sasom i en spegel*, 1961.
9   Teatro Reale di Arte Drammatica di Stoccolma, il più grande e storico dell'intera Scandinavia.

La terra del desiderio c'entra poco o nulla con *La nave per le Indie*, come sarebbe stato il titolo se dall'originale *Skepp till Indialand* fosse stato tradotto letteralmente e semplicemente in italiano.

Come, ad esempio (e che esempio di serietà e di devozione al Maestro) il titolo del film fu tradotto in inglese: *A ship bound for India*.

SINOSSI

Il film ha quattro personaggi principali, intorno ai quali ruota tutta la storia, più una mezza dozzina di comprimari.

I quattro protagonisti sono:
- Il Capitano Alexander Blom, interpretato da Holger Nowenadler;
- Johannes Blom, figlio del capitano, interpretato da Birger Malmesten;
- Alice Blom, moglie del capitano, interpretata da Anna Lindhal;
- Sally, prima amante del capitano poi sposa di Johannes, interpretata da Gertrud Fridh.

Il film, in buona sostanza, racconta la storia d'amore tra il marinaio Johannes (un giovanissimo Birger Malmsten, prototipo dell'attore bergmaniano dei primi lavori e che rivedremo il molti film successivi[10]: quasi una figura assiomatica dei primi film di Bergman) e Sally (una sbiadita Gertrud Fridh, che invece, per fortuna, non rivedremo più molto spesso).

Così la descrive Ingmar Bergman: *"Questa volta, contro il parere di Marmstedt, ero riuscito a ottenere che Gertrud Fridt avesse la parte principale femminile. Era un'attrice molto dotata, una bella brutta.*

---

10 Prese parte anche a: *Musica nel buio* (*Musik i morker*, 1947), *Prigione* (*Fangelse*, 1948), *Verso la gioa* (*Till gladje*, 1949), *Un'estate d'amore* (*Sommarlek*, 1950), *Donne in attesa* (*Kvinnors vantan*, 1952), *Il silenzio* (*Tystnaden*, 1962), *L'immagine allo specchio* (*Ansikte mot ansikte*, 1975, solo come comparsa).

Quando Lorens vide il provino fu terrorizzato e insistette perché lei fosse ritruccata. Così finì per sembrare una prostituta di qualche melodramma francese.[11] "

Quando Johannes, all'inizio del film, le si dichiara, asserendo di non averla mai dimenticata nei sette anni in cui è stato lontano, lei lo respinge.

Lui vaga da solo sulla spiaggia sassosa ricordando i bei momenti andati.

Parte da qui un lungo *flash-back* che occupa tutta la parte centrale del film e nel quale Ingmar Bergman spiega l'antefatto.

Johannes, giovane di belle speranze, amante del suo lavoro e abbastanza serio ha un padre, capitano della nave, non altrettanto serio e morigerato.

---

11 Ingmar Bergman, *Immagini.*

In una delle bettole che abitualmente frequenta l'uomo conosce un giorno Sally, una cantante-ballerina che si esibisce in quei locali malfamati, e commette l'errore di portarla a casa sua, imponendo la presenza della donna prima alla moglie e poi a tutta la famiglia.

Tra Johannes e Sally, che sono coetanei, fiorisce presto l'amore.

E questo fa, ovviamente, lievitare la rabbia del padre nei confronti del figlio.

La moglie del capitano Blom, nonché madre di Johannes, cerca di convincere il marito a ritornare da lei.

Intanto durante una passeggiata i due giovani si rifugiano in un vecchio mulino e fanno l'amore.

In seguito Sally, si sgraverà del peso che le opprime la coscienza e confesserà al capitano il suo amore per suo figlio Johannes.

Seguirà una accanita discussione tra i due nel corso della quale Sally si rivolge al capitano Blom dicendo: *"Non sei altro che un fallito."*

Il padre, per questo precipuo motivo, tenterà di liberarsi della ingombrante presenza del figlio, suo rivale in amore, tentando di ucciderlo.

Durante una nuova immersione subacquea di Johannes, nella quale sono impegnati con la nave del capitano, per il recupero di un relitto. Il padre addetto alla pompa dell'ossigeno gli interrompe volontariamente il flusso, ma Johannes scampa al tentativo del padre, dopo l'allarme lanciato dalla madre che si è accorta del sabotaggio proditorio del marito, e l'aiuto degli altri marinai. Il padre, fa inabissare il relitto che stavano recuperando, danneggiando tutto.

Tornato a riva, raggiunge l'appartamentino dove segretamente si rifugiava con la sua donna e ne distrugge tutte le suppellettili.

Quando arriva la polizia, che fa irruzione nella casa per arrestarlo, tenta di suicidarsi lanciandosi dalla finestra.

Non morirà per la caduta, ma resterà paralizzato per il resto della sua vita.

Il drammatico episodio convince il giovane che è meglio allontanarsi, partendo per terre lontane.

Quando il lungo *flash-back* finisce Johannes torna da Sally, le propone di ritornare insieme e di ricominciare una vita.
"Bisogna cercare di evadere quando ci sentiamo chiusi, altrimenti il muro si alza e non c'è che da buttarsi dalla finestra!"

Sally sulle prime resiste alle sue insistenze, poi accetta la proposta del giovane.

Infine insieme salgono sulla nave che salpa verso una vita nuova, tra un volo di gabbiani e un sottofondo di musica esotica, che rimanda didascalicamente a terre lontane.

Forse raggiungeranno una di quelle isole palmate e piene di sole riprodotte sulle cartoline che Johannes tiene appese alle pareti della sua cabina e che orgoglioso ha mostrato a Sally un giorno che la giovane andò a fargli visita.

Ancora una volta il finale spalanca le porte alla speranza e all'amore che trionfa sulle sciagure e sulle tragedie che l'uomo è così bravo a procurarsi da solo e a procurare ai suoi simili.

RECENSIONE

Film molto schematico.

Il giudizio di Ingmar Bergman: *"Proprio come in* Crisi, *c'erano alcune parti che dimostravano forza e vitalità. L'obiettivo era al punto giusto, le persone si comportavano come dicevano. In alcuni brevi momenti feci del vero cinema.[12] "*

Con alcune scene iniziali che costituiscono un breve prologo; un lungo *flash-back* centrale che costituisce il vero corpo del film; alcune scene finali che costituiscono l'epilogo.

Girato poveramente, con pochi mezzi.

Ma a Ingmar Bergman non servono effetti speciali: ha già bene in mente

---

12 Ingmar Bergman, *Immagini.*

quale sarà il suo cinema futuro.

Pochi *dolly,* molti primi-piani.

Egli mette in tavola quelli che sono indiscutibilmente i suoi piatti preferiti nel cd. primo periodo romantico:

rapporti tra le persone (specie di sesso opposto); rapporti problematici tra padre e figlio (emergono chiari accenni autobiografici); amore[13] come unico mezzo per garantire la convivenza tra le persone e come panacea di tutti i mali psicologici e socio-economici.

Arriva l'eco lontana di uno scetticismo che si faraà più marcato nei film successivi e che affonda le radici nella matrice protestante-luterana della sua formazione religiosa e negli studi di filosofia e soprattutto della filosofia

---

13 *L'amore abbraccia tutto, anche la morte*
(Ingmar Bergman)

esistenzialista kierkegaardiana, pessimista, religiosa e fatalista.

Sebbene il finale del film coi due giovani Johannes e Sally che si uniscono e partono insieme sia tutt'altro che pessimistico, anzi, apre una strada alla speranza.

Ma anche questi finali rispondono ad uno schema semplice ma collaudato nei primi film di Ingmar Bergman.

Imposta il film secondo uno schema semplice, quasi elementare: denuncia sociale, con particolare attenzione a personaggi di classi sociali tutt'altro che abbienti, se non addirittura basse; difficoltà nei rapporti interpersonali e interfamigliari e intersessuali, con aspetti particolarmente odiosi perché improntati a una cultura maschilista; chiusura con l'immancabile lieto fine.

L'unica speranza, dei cui lampi

risulta screziato un po' tutto il film, traspare dai dialoghi, soprattutto da quelli dei due innamorati e dal finale di cui si è parlato.

E si arriva così ad un altra ipotesi cara al Maestro, prima della definitiva morte di Dio dal sapore marcatamente nietzschiano.

Quel *"Dio è amore, l'amore è Dio"*, con cui Ingmar Bergman pare rispondere qualche decennio dopo all'assordante ... silenzio di Dio.[14]

Ma il tema che in questo film si avverte prepotente è quello pesantemente autobiografico dei pessimi rapporti di Ingmar Bergman col padre Erik. Che verrà eviscerato in modo definitivo nel capolavoro *Fanny e Alexander*, del 1982.

---

14 Con i tre film della cd. *Trilogia religiosa: Come in uno specchio* (*Sasom i en spegel*, 1960), *Luci d'inverno* (*Nattsvardgasterna*, 1962) e *Il silenzio* (*Tystnaden*, 1962).

La rigida educazione dei figli, l'assoluta mancanza di libertà che il giovane Ingmar arriva a paragonare, addirittura, al regime nazista, le punizioni esemplari impartite dal padre, così vengono raccontate da Ingmar Bergman nella sua autobiografia[15]:

"La nostra educazione si basava per la maggior parte sui concetti di peccato, confessione, punizione, perdono e grazia. In ciò era insita una logica che noi accettavamo e credevamo di capire.. Questo fatto contribuì alla nostra ingenua accettazione del nazismo. Non avevamo mai sentito parlare di libertà e ancor meno ne conoscevamo il sapore. In un sistema gerarchico tutte le porte sono chiuse."

---

15 Ingmar Bergman, *Lanterna magica.*

Come Ingmar Bergman racconta esemplarmente nel suo capolavoro autobiografico *Fanny e Alexander*[16], le punizioni possono essere corporali (colpi di sferza o di battipanni) o anche psicologiche (la chiusura nel ripostiglio scuro).

"Altre punizioni erano: il divieto di andare al cinema; il digiuno; l'essere mandati anticipatamente a letto; la consegna in camera; compiti di matematica supplementari; colpi di verga sulle mani; tirate di capelli; servizio punitivo in cucina (che poteva essere anche molto divertente); la semplice emarginazione a tempo determinato e così via.[17]"

Ingmar Bergman si oppone, ovviamente, a questo trattamento disumano che contribuirà a

16 *Fanny e Alexander*, 1982.
17 Ingmar Bergman, *Lanterna magica*.

deteriorare definitivamente i rapporti col padre, ma da adulto finisce per confessare di aver capito la dura *ratio* dei rigidi regolamenti imposti dal padre a lui al fratello Dag e alla sorella Margareth.

"Ora capisco la disperazione dei miei genitori. La famiglia di un prete vive come su un vassoio, senza alcuna protezione dagli sguardi estranei. La casa deve essere sempre aperta. La critica e i commenti della parrocchia sono costanti. Sia il papà che la mamma erano dei perfezionisti e dovevano certo vacillare sotto quell'assurda pressione.[18]"

Ingmar Bergman, nei sui scritti e nelle interviste che raramente concede, dichiara di aver tentato varie volte di recuperare il suo

---

18 Ingmar Bergman, *Lanterna magica.*

rapporto filiale col padre e ne racconta accoratamente un passaggio felice, tratto ancora una volta dai suoi ricordi d'infanzia.

E' come vorrebbe che quei rapporti fossero sempre stati.

Un giorno era in gita col padre che spesso accompagnava nelle sue visite alle parrocchie di campagna.

La prosa del Maestro, che pare poesia, semplice, ma suggestiva ed efficace.

"Quando uscimmo dal bosco di betulle e ci inoltrammo tra i vasti campi della pianura, vedemmo i lampi sui colli. Grosse gocce caddero sulla strada polverosa creando rivoli e disegni. Io dissi: così dovremmo andarcene in giro per il mondo io e voi, papà. Papà rise e mi diede il cappello perché glielo reggessi. Eravamo allegri. Alla salita del villaggio

abbandonato arrivò la grandinata...
Le grosse gocce di pioggia si
trasformarono in spessi pezzi di
ghiaccio. Papà ed io ci affrettammo
verso la fattoria.[19]"

Ingmar Bergman recupererà un
minimo di rapporto col padre solo in
età avanzata, quando lui era già
famoso, la madre era già morta e il
padre, quasi smemorato, era alle
soglie della morte.
Nemmeno l'ombra del pastore
protestante rigido e senza cuore che
incuteva timore nei figli e gli
impartiva quelle feroci punizioni
corporali.
Quando papà rimase vedovo andai
spesso a trovarlo, ci parlavamo con
amicizia. Un giorno stavo
discutendo qualche problema con la

---

19 Ingmar Bergman, *Lanterna magica.*

sua governante, sentimmo il suo passo lento e strascicato nel corridoio, lui bussò alla porta ed entrò nella stanza socchiudendo gli occhi alla luce violenta, evidentemente aveva dormito. Ci guardò meravigliato e disse: Karin è rientrata? Nello stesso istante si rese conto del doppio e doloroso errore. Sorrise imbarazzato: la mamma era morta da quattro anni e lui aveva fatto la figura dello stupido chiedendo di lei. Prima che facessimo in tempo a dire qualcosa agitò il braccio in segno di diniego e se ne tornò nella sua stanza.[20]"

Ingmar Bergman appunta nel suo diario gli ultimi giorni di vita del padre.
"22 aprile 1970: papà sta

---

20 Ingmar Bergman, *Lanterna magica.*

morendo... 25 aprile 1970: papà è ancora vivo. Cioè è del tutto privo di coscienza, l'unica cosa che funziona è il suo cuore forte...

29 aprile 1970: Papà è morto. E' stato domenica, alle quattro e venti del pomeriggio; la sua morte è stata dolorosa. [21]"

Dopo tanta tristezza voglio finire con una curiosità gustosa che riguarda il film in oggetto.

Ingmar Bergman, che non compare quasi mai nei suoi film, proprio ne *La terra del desiderio* si attribuisce un *cameo*.

Appare in una scena: è l'uomo col berretto al luna park.

---

21 Ingmar Bergman, *Lanterna magica*.

CONCLUSIONI

Secondo Sergio Trasatti, che recensì il film all'epoca della sua uscita in Italia, *Nave per le Indie* è: *"...un film povero, realizzato con pochi mezzi. Un film semplice, lineare, didascalico. La morale è messa via via in bocca ai protagonisti... Alcuni temi cari a Bergman, si fondono qui con il racconto, a tratti anche banale, dell'amore contrastato tra i due giovani. C'è l'apologia dell'amore come unico ideale per il quale valga la pena di vivere, c'è il contrasto tra genitori e figli, c'è il riferimento a quel muro che ogni uomo, quando è sopraffatto dal suo egoismo, innalza attorno a se per evitare il rapporto con gli altri.*[22]*"*

---

22 Sergio Trasatti, *Ingmar Bergman.*

Nave per le indie regala, al quarto tentativo, al suo autore Ingmar Bergman, se non il successo definitivo che arriverà più avanti di un decennio, almeno una notevole dose di autostima.

"Dopo aver terminato... fui preso da un euforico sentimento di megalomania. Pensavo di essere grande in modo schiacciante, del tutto alla pari, in fatto di stile, con i miei idoli francesi.[23] "

Sebbene il suo amico produttore Lorens Marmestedt, per tenere a freno il suo impeto e la sua ambizione e per invitarlo a non rincorrere confronti al momento improponibili con i colleghi registi più anziani, spesso gli ripeteva: *"Devi tener presente che Birger Malmsten non è Jean Gabin e*

_____

23 Ingmar Bergman, *Immagini.*

soprattutto tu non sei Marcel Carné."

Secondo Ingmar Bergman: "*Lorens era un insegnante energico. Criticava senza scrupoli e mi costringeva a fare le riprese che riteneva brutte. Poteva dire: Ho parlato con Hasse Ekman che ha visto il materiale e ho parlato con Kilbom. Devo mantenere aperte le possibilità. Può succedere che tu non riesca a finire."*

Mettendogli così una buona quantità di sale sulla coda e costringendolo a fare sempre meglio per sbaragliare la eventuale agguerrita concorrenza.

Non sempre, comunque, avere il fiato del produttore Lorens Marmstedt sul collo riverberava effetti positivi sul risultato finale.

Come quando lo stesso produttore telefonò trafelato da Cannes, dove il film era stato appena presentato, per scongiurare il regista di convocare urgentemente il montatore, Tage Holmberg, e tagliare almeno quattrocento metri di pellicola per evitare un fiasco che, secondo lui, a quel punto, sarebbe stato più che sicuro.

Ingmar Bergman, che in quella occasione la ebbe vinta, si rifiutò ovviamente di tagliare un solo metro di pellicola e di snaturare il film, rimettendoci le mani sopra, non esitando a definirlo... *"quel capolavoro.[24]"*

Oppure come quando si dovette assistere ad una serie interminabile di disastri durante la prima assoluta al cinema Royal di Stoccolma.

I rulli non furono controllati; i dialoghi non si sentivano bene e non erano sincronizzati; quando Ingmar

---

24 Ingmar Bergman, *Immagini.*

Bergman in persona intervenne perché l'operatore cambiasse il volume del suono e l'intensità, l'audio si sentì ancora peggio; il terzo e il quarto rullo furono scambiati tra loro.

Ancora una volta dovette intervenire il regista in persona che costrinse il proiezionista ad aprire la porta della cabina dove si era asserragliato e a proiettare prima il terzo e poi il quarto rullo, secondo l'ordine esatto.

Nella realizzazione dei suoi primi film Ingmar Bergman è costretto a peregrinare tra una casa di produzione e l'altra e questo, probabilmente, non lo aiuta a trovare quella uniformità di condizioni logistiche necessaria alla realizzazione di un prodotto al livello come lui stesso desidererebbe:

Spasimo[25] fu prodotto dalla Svensk Filmindustri; come pure il suo vero esordio *Crisi*[26]; *Piove sul nostro amore*[27] e *Nave per le indie*[28], invece, dalla Sveriges Folksbiografer.

Dal 1947, eccetto un solo film: *Città di porto*[29] girato con la produzione di Terrafilm, la casa produttrice del suo amico Lorens Marmstedt, si inizia un lungo periodo in cui tutti i film di Ingmar Bergman saranno prodotti dalla Svensk Filmindustri.

Oltre che per produrre e distribuire i suoi film, la Svensk Filmindustri, la più importante casa di produzione e di distribuzione svedese, commissiona a Ingmar Bergman, tra il 1944 e il 1961, una serie di

25 *Hets,* 1944.
26 *Krisis,* 1945.
27 *Det regnar pa var Karkek,* 1946.
28 *Skepp till Indialand,* 1947.
29 *Hamnestad,* 1948.

sceneggiature per i più importanti registi svedesi del momento: Alf Sjoberg, Gustav Molander e Alf Kjellin.

NOTIZIE SUL FILM

Titolo originale	*Skepp till India land* *(Nave per le Indie)*
Paese di produzione	Svezia
Anno	1947
Durata	98 minuti
Colore	B/N
Audio	sonoro (mono)
Rapporto	1,37 : 1
Genere	drammatico
Regia	Ingmar Bergman
Soggetto	Ingmar Bergman Martin Söderhjelm
Sceneggiatura	P. A. Lundgren
Produttore	Lorens Marmstedt
Fotografia	Göran Strindberg
Montaggio	Tage Holmberg
Musiche	Erland von Koch

PERSONAGGI E INTERPRETI

<u>Holger Löwenadler</u>: Capitano Blom

<u>Anna Lindahl</u>: Alice Blom

<u>Birger Malmsten</u>: Johannes Blom

<u>Gertrud Fridh</u>: Sally

<u>Naemi Briese</u>: Selma

<u>Hjördis Petterson</u>: Sofi

<u>Lasse Krantz</u>: Hans

<u>Jan Molander</u>: Bertil

<u>Erik Hell</u>: Pekka

<u>Åke Fridell</u>: Proprietario del locale di varietà

BIBLIOGRAFIA

Ingmar Bergman, *Lanterna magica*.

Ingmar Bergman, *Immagini*.

Salvatore M. Ruggiero, *Il Genio di Uppsala – Il grande cinema di Ernst Ingmar Bergman spiegato a chi lo ignora*.

Sergio Trasatti, *Ingmar Bergman*.

Antonio Costa, *Ingmar Bergman*.

Claudio Papini, *Ben ritrovato, Ernst Ingmar!*

Jacques Mandelbaum, *Ingmar Bergman, I maestri del cinema, Cahiers du cinema*.

Olivier Assayas e Stig Bjorkman, *Conversazione con Ingmar Bergman*.

INDICE

www.ingramcontent.com/pod-product-compliance
Lightning Source LLC
Chambersburg PA
CBHW071306280526
45788CB00004B/1847